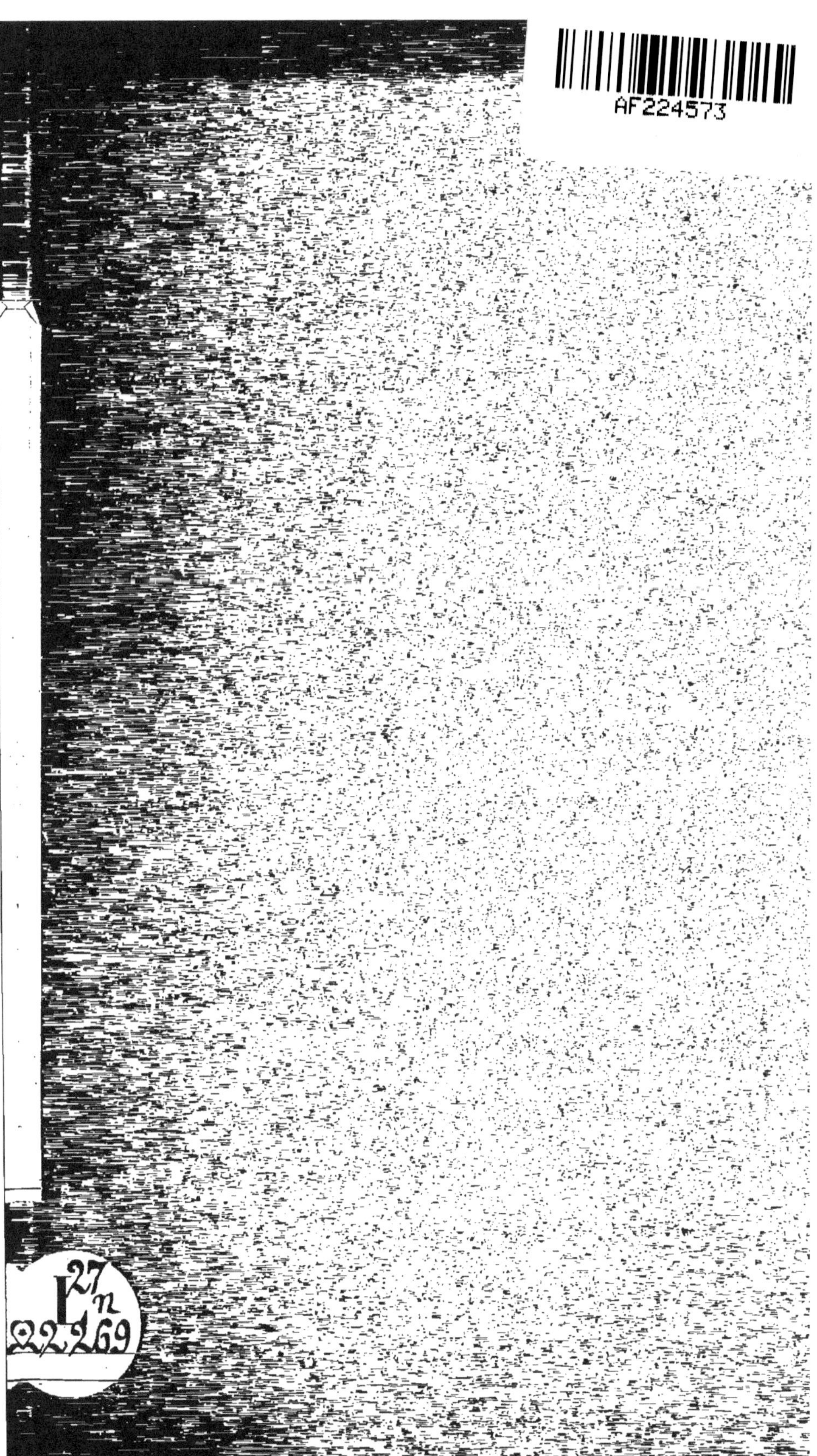

LE PROCÈS DU PHARMACIEN

MÉMOIRE

DESTINÉ A RESTER DANS L'INTIMITÉ

RECOMMANDATION EXPRESSE DE NE JAMAIS S'EN DESSAISIR SOUS AUCUN PRÉTEXTE

Prière de vouloir bien remarquer, que tout ce qui, dans ce Mémoire, est dit ou avancé, pour servir soit à la constatation du délit de diffamation, soit à la discussion du jugement, est uniquement puisé, avec une excessive rigueur, dans l'enquête. On a eu le soin de faire faire une copie textuelle de la déposition des témoins, telle qu'elle a été envoyée par le tribunal de Castelsarrasin à la Cour d'appel de Toulouse.

MONTAUBAN

TYPOGRAPHIE DE VICTOR BERTUOT

PLACE IMPÉRIALE, 9

TABLE

COPIE DE LA CITATION

L'an mil huit cent soixante-cinq et le vingt-sept octobre, nous Antoine Maffroi Ferrié, huissier de l'arrondissement de Castelsarrasin, y demeurant soussigné

A la requête de M. Louis Boscredon, pharmacien, demeurant à Castelsarrasin, lequel fait élection de domicile à Castelsarrasin en l'étude et personne de M. Guiringaud avoué y demeurant.

Avons cité le sieur Antoine Guyral employé à l'abattoir, demeurant et domicilié à Castelsarrasin, à comparaître le trente-un octobre courant, jour de mardi, à dix heures du matin, à l'audience et par-devant le tribunal civil de première instance du dit Castelsarrasin jugeant correctionnellement, au lieu ordinaire de ses séances au Palais de Justice aux fins;

Attendu que, dans les premiers jours du mois d'août dernier, le dit Guyral porta au réquérant une ordonnance de monsieur le docteur Pagès, ainsi conçue: *sirop de lactucarium*, laquelle ordonnance le requérant lui délivra immédiatement.

Attendu, qu'un mois environ, après le premier dimanche de septembre, Guyral s'est permis de dire en pleine assemblée de la Confrérie de saint Éloi qui se tenait dans la grande salle du café Rigal situé sur la promenade, que le *remède que lui avait donné le réquérant ne valait rien, qu'il n'était pas conforme à l'ordonnance, qu'il avait été obligé d'en prendre un autre chez un autre pharmacien;* qu'il présenta en même temps les deux flacons dans lesquels étaient renfermés les remèdes pour montrer la différence qu'il y avait entre la couleur de l'un et celle de l'autre; que sur l'observation qu'on lui fit, que cette différence de couleur n'était pas un motif pour justifier son accusation, il insista, en déclarant *qu'il était sûr de son affaire, et qu'il avait toutes les preuves en main pour établir que le requérant l'avait trompé.*

Attendu que, Guyral ne s'est pas contenté de porter cette accusation, dans le sein de la Confrérie, mais qu'il la répétée dans le public.

Mais, attendu que cette accusation malveillante, n'a d'autre but que de porter atteinte à l'honorabilité du requérant, de nuire à sa considération, et de lui enlever la confiance dont l'avait honoré la Confrérie de saint Eloi.

Qu'il lui importe d'obtenir la réparation qui lui est dûe et de justes dommages-intérêts.

Par ces motifs, se voir déclarer le dit Guyral coupable envers le requérant du délit de diffamation prévu par les articles 1, 13 et 14 de la loi du 17 Mai 1819.

S'entendre condamner, en conséquence, avec toutes contraintes et même par corps à payer au requérant une somme de trois mille francs, à titre de dommages-intérêts, en réparation du préjudice causé, sauf au Ministère public à prendre telles conclusions qu'il avisera dans l'intérêt de la vindicte publique, avec dépens, sans préjudice d'autres conclusions à prendre, Dont acte.

Baillé et laissé copie du présent etc.

COPIE DES DÉPOSITIONS DES TÉMOINS

INTERROGATOIRE DU PREVENU

(Textuel avec les pièces authentiques envoyées par le Tribunal de première instance de Castelsarrasin à la Cour d'Appel de Toulouse)

Audience correctionnelle du 31 octobre 1865

NOTES PRISES PAR LE GREFFIER TENANT LA PLUME

—

Affaire en partie civile du sieur BOSCREDON, *pharmacien, contre le sieur* GUYRAL, *tous de Castelsarrasin*

Après l'exposé de l'affaire par M. Leveillé, avocat du barreau de Montauban, pour le plaignant, neuf témoins à charge et quatre témoins à décharge ont été entendus séparement, après avoir individuellement prêté le serment de dire toute la vérité, rien que la vérité de la manière suivante.

TÉMOINS A CHARGE.

Le premier témoin entendu, se dit nommer Jean Portal, être âgé de 57 ans, huissier demeurant à Castelsarrasin, n'être parent, allié, ni serviteur d'aucune des parties, non reproché, il a déposé:

Je suis le Président de la Société de secours mutuels dite de St Éloi et M. Boscredon est le pharmacien. Moyennant un abonnement de trois francs par an, ce dernier doit fournir gratis à la famille de chaque membre de la Société les remèdes nécessaires. Le 3 septembre dernier, dans la salle des réunions de la Confrérie de St Éloi, sise dans l'établissement du café Rigal, et dont Guyral fait partie, celui-ci déposa sur le bureau 2 flacons renfermant un médicament, la couleur de l'un était blanche, celle de l'autre était rouge; il disait que le médicament rouge pris chez M. Boscredon *n'était pas bon, n'était pas conforme à l'ordonnance* et qu'il avait été obligé de s'adresser à un autre pharmacien pour obtenir le remède ordonné par le docteur, ajoutant que le médicament blanc avait guéri sa femme malade, ou que du moins, il avait produit d'excellents effets ; il convenait que le remède couleur rouge puisé dans la pharmacie de M. Boscredon n'avait pas été essayé. Je me rappelle que je fis à Guyral cette observation, qu'ayant eu occasion de parler au docteur Pagès du remède puisé chez M. Boscredon, il m'avait fait observer que ce remède était bon, Répondant à la question qui m'est adressée, je déclare que le public n'est pas admis dans notre Société de St Éloi quand la séance est commencée, que nous sommes 56 membres et que l'épouse Rigal, seule, pour le besoin du service, pourrait paraître dans la salle, mais elle n'y a jamais paru et à tout dire nous ne le permettrions même pas. Le témoin a ajouté *qu'antérieurement et en présence de 2 personnes* il avait vu Guyral qui lui avait parlé du remède rouge fourni par M. Boscredon qu'il lui avait exhibé en même temps que le remède blanc, *ajoutant que la Confrérie de St Eloi était mal servie ; je lui fis des observations sur sa manière de se prononcer ; je lui demandai de me confier les 2 fioles pour les montrer à M. Pagès* qui me dirait ce qui en était, et Guyral *me refusa* cette remise.

Le 2e témoin, Jean Badens, 49 ans, boulanger, n'être ni parent etc, dépose;

Le jour de la réunion de la Société de St Eloi en pleine assemblée, j'entendis Guyral se plaindre du médicament puisé dans la pharmacie de M. Boscredon en disant qu'il ne le trouvait pas conforme à l'ordonnance de M. Pagès.

Le 3e témoin, Mathieu Carrère, 42 ans, bourrelier à Castelsarrasin etc dépose :

A la réunion de notre assemblée de St Éloi, dans l'établissement du sieur Rigal, j'entendis Guyral, porteur dans ce moment de 2 fioles contenant les remèdes blanc et rouge, dire aux membres de cette réunion que ces deux remèdes n'ayant pas la même couleur, il était autorisé à croire que le rouge puisé à la pharmacie de M. Boscredon n'était pas bon, ajoutant que sa femme qui avait pris du remède blanc puisé dans la pharmacie de M. Issanjou s'en était bien trouvée.

Le 4e témoin, Félix Tremouilles, 49 ans, tapissier à Castelsarrasin etc. dépose :

Lors d'une 1re réunion de notre Société St Éloi, je vis les 2 flacons rouge et blanc que produisit Guyral qui dit que le remède rouge n'était pas conforme à l'ordonnance et, dans une 2e assemblée, que le remède rouge, n'était pas ce qu'il fallait.

Le 5e témoin, Pierre Crusel, 36 ans, perruquier-coiffeur, à Castelsarrasin, dépose :

A l'assemblée de la Confrérie du mois de septembre dernier qui se tient dans un local privé de l'établissement Rigal, j'entendis Guyral se plaindre du médicament puisé dans la pharmacie de M. Boscredon ; il exhiba les 2 fioles, renfermant les deux remèdes puisés aux deux pharmacies de ce dernier et de M. Issanjou, en disant que le remède couleur rouge n'était pas, d'après lui, ce qu'il fallait, ajoutant qu'il n'était pas conforme à l'ordonnance, mais en convenant qu'il n'en avait pas fait usage. Répondant à l'interpellation qui m'est adressée, je déclare que ma pensée fut en entendant Guyral parler ainsi, qu'il formulait auprès du bureau sa réclamation pour obtenir la restitution de la somme de 3 francs qu'il avait dépensée pour l'achat du remède chez M. Issanjou. Je ne saurais lui attribuer d'autre but que celui-là; je réponds à la nouvelle demande que Guyral dit aussi que le remède blanc puisé chez M. Issanjou avait fait du bien à sa femme malade.

Le 6e témoin, Duffau cadet, 65 ans, charron à Castelsarrasin etc dépose :

Lors de la réunion de notre Société du mois de septembre dernier, Guyral s'adressant au Bureau dit : qu'il avait puisé le remède rouge chez M. Boscredon d'après une ordonnance du docteur Pagès, et qu'en rentrant chez lui, il avait fait la rencontre de ce médecin qui lui aurait dit que le remède n'était pas conforme à son ordonnance.

Le témoin Portal interpellé répond, qu'à son avis, le sieur Guyral, lors de la réunion dont il a parlé, s'exprimait dans ce but, en s'adressant au bureau, d'obtenir la restitution de la somme de 3 francs qu'il avait dépensée pour le remède pris chez monsieur Issanjou.

Sur l'interpellation, Duffau répond que Guyral, dans la séance dont il vient de parler, s'écria : *C'est honteux de voir les remèdes que M. Boscredon nous fournit !* d'après ce qu'en a dit M. Pagès le remède n'est pas bon.

Le 7e témoin, Jean Pécharmant ainé, 60 ans, maréchal-ferrant etc dépose :

Un jour de jeudi, dans la rue et près de la poste, Guyral me dit que le remède pris chez M. Boscredon n'était pas conforme à l'ordonnance de M. Pagès, il ajouta que M. Issanjou pharmacien avait aussi examiné ce remède et qu'il ne l'avait pas trouvé non plus conforme; j'ajoute qu'à la réunion de la Société dont je suis membre, je vis Guyral exhiber les 2 fioles renfermant les 2 remèdes, blanc et rouge ; qu'à une 2e assemblée M. Boscredon et M. Pagès furent présents, sans trop pouvoir me rappeller ce qui fut dit par le médecin.

Le 8e témoin, Blaise Solleville, 32 ans, forgeron à Castelsarrasin etc dépose :

A une 1e assemblée de notre Confrérie de St Eloi, j'entendis Guyral qui disait avoir pris le remède rouge chez M. Boscredon, qu'ensuite il avait pris le remède blanc chez M. Issanjou, il ajouta qu'il tenait à savoir si le premier était bon.

Lors d'une 2e assemblée, M. Pagès répondait que pour connaître si le remède rouge puisé chez M. Boscredon était bon, il faudrait le soumettre à une analyse; j'entendis même M. Boscredon dire à Guyral que maintenant il le tenait, et que *Guyral lui répondit en fesant un pan de nez.*

Le 9e témoin, Antoine Mezamat jeune, 40 ans, fermier de l'octroi etc dépose :

Un jour j'étais à causer avec Guyral des doubles remèdes puisés aux pharmacies de M. Boscredon et Issanjou, Guyral m'exhiba les 2 fioles qui les contenaient, il me dit : qu'il avait ainsi puisé les 2 remèdes à ces deux pharmacies parceque le docteur Pagès lui avait dit que peut-être ces 2 remèdes ne seraient pas semblables ; sur l'interpellation de M. le Président je réponds, que je dis à Guyral, *restez tranquille, laissez donc cette affaire de côté.*

TÉMOINS à DÉCHARGE.

Le premier témoin à décharge dit se nommer Joseph Pagès, 43 ans, docteur en médecine à Castelsarrasin etc il dépose :

Je fus appelé par Guyral pour prodiguer mes soins à sa femme ; j'en étais arrivé aux préparations opiacées, lorsque Guyral qui voyait que ces remèdes ne produisaient pas la guérison de sa femme me consulte sur le *sirop de lactucarium* ; je lui répondis, qu'à mon avis, ce remède était bon, mais que je craignais bien que M. Boscredon son pharmacien ne le lui donnat pas. C'était, en effet, une spécialité de remède. Sur son insistance je donnai une ordonnance qui prescrivait ce remède. Le témoin se livre à l'examen de son ordonnance dont il déclare avoir perdu de vue les termes, ordonnance qui lui est remise sur sa demande, reconnue par lui, laquelle est ainsi conçue : « *Sirop de lactucarium* » et ajoute : *le lendemain je fis la rencontre de Guyral* qui me dit que le même remède qu'il avait puisé dans la pharmacie de M. Issanjou avait soulagé sa femme. Répondant à l'interpellation qui m'est adressée, *je déclare que le lendemain, le sieur Guyral m'ayant demandé ce que je pensais du remède puisé dans la pharmacie du plaignant,* je lui répondis que, pour émettre une opinion, il aurait fallu ou l'analyser ou en faire usage.

Le témoin se livre à une longue dissertation sur le *sirop de lactucarium* de laquelle il résulte, qu'autrefois il existait un sirop appelé sirop de thridace employé en médecine, que ce sirop fait avec un extrait de laitue est inscrit au Codex, que ce remède a une efficacité médiocre, et contenait d'ailleurs des principes âcres qui irritaient quelquefois le malade, que M. Aubergier, pharmacien à Clermont-

Ferrand avait, en y employant son temps, sa fortune et sa science, amélioré ce remède au point d'arriver jusques à la perfection, que ce médicament, grâce à son efficacité bien constatée, avait depuis quelque temps un débit très-considérable, que M. Aubergier qui avait donné à ce remède le nom de *sirop de lactucarium* était arrivé à ce bon résultat en employant de l'extrait de laitue de qualité supérieure, obtenue par lui-même, et en y ajoutant de l'opium d'excellente qualité qui provenait encore de ses propres cultures. Que récemment la commission du Codex, saisie par M. le Ministre de l'intérieur de la question de savoir si le *sirop de lactucarium* de M. Aubergier était un remède bon et dont on devait permettre la vente, après de nombreuses expériences faites en présence ou en l'absence de M. Aubergier pour la fabrication dans les divers hopitaux de Paris pour constater son efficacité, avait répondu que ce médicament était excellent et qu'on devait en encourager beaucoup l'emploi. Que la même commission du Codex engagea beaucoup M. Aubergier à publier la formule de son remède, que ce dernier y a consenti et que cette formule a paru dans tous les recueils et journaux scientifiques.

En présence, continue le témoin, des faits que je viens d'exposer au Tribunal, j'avais crû que *sirop de lactucarium* ne pouvait vouloir dire que *sirop de lactucarium* d'Aubergier.

Sur l'interpellation du ministère public qui demande si le pharmacien sur le simple vu de l'ordonnance ainsi conçue « *sirop de lactucarium* » délivre le sirop d'Aubergier, je réponds affirmativement parcequ'il n'existe qu'une seule formule de *sirop de lactucarium.*

Sur l'interpellàtion de M. le Président, je déclare que je crois reconnaitre dans le flacon contenant le liquide rouge produit à cette audience, celui que le sieur Guyral *me présenta le lendemain du jour, où je lui avait donné l'ordonnance* provenant de la pharmacie de M. Boscredon.

Le 2e témoin, Jean Delfour, 38 ans, coutelier à Castelsarrasin etc dépose :

A l'asemblée de notre Confrérie de St Eloi réunie chez Rigal, j'entendis Guyral dire que le remède puisé dans la pharmacie de M. Boscredon n'était pas bon ; je réponds à l'interpellation, qu'il est vrai qu'à l'occasion d'une maladie que j'ai eue, j'ai puisé dans la pharmacie de M. Boscredon un remède qui se décomposa avant d'achever de le prendre et que même je l'ai annoncé en pleine assemblée.

Le 3e témoin, Ambroise Delboy, 48 ans menuisier etc dépose;

Dans le bureau de l'octroi, Guyral disait que M. Pagès lui avait dit qu'il était fort douteux pour lui que M. Boscredon eut dans sa pharmacie le remède prescrit par son ordonnance, il ajouta qu'après avoir eu en sa possession le remède fourni par M. Boscredon, il l'avait montré à M. Pagès qui aurait répondu en le voyant que ce n'était point cela.

Le 4e témoin, Jean Fraunié, 44 ans, marchand épicier à Castelsarrasin etc. dépose :

A l'une des réunions de la Société dont je suis membre, Guyral exhiba les 2 fioles rouge et blanche, contenant les médicaments puisés aux pharmacies de M. Boscredon et Issanjou en observant que M. Pagès lui aurait dit que le premier n'aurait pas ce remède ; il ajouta que plus tard il avait revu M. Pagès qui lui avait dit parlant du remède de M. Boscredon, « ce n'est pas bon ça »

INTERROGATOIRE DU PRÉVENU.

Le prévenu interpellé a répondu : je me nomme Antoine Guyral, j'ai 66 ans, je suis fils de Jean Guyral et d'Elisabeth Caminade, je suis employé à l'octroi de Castelsarrasin où je suis né et domicilié ; je suis marié, mais sans enfants, je sais lire et écrire et n'ai jamais été repris de justice.

D: Qu'avez-vous à répondre aux imputations qui vous sont faites de la part de M. Boscredon ?

R : J'avais mon épouse malade depuis quelques temps. Une personne de mes amis m'indiqua le médicament *sirop de lactucarium* comme pouvant produire les meilleurs résultats. J'en référai à M. Pagès mon médecin qui me dit : que sans doute M. Boscredon mon pharmacien ne l'aurait pas ; je fus néanmoins chez celui-ci qui me livra le remède. Je montrai ce remède à M. Pagès, il le dégusta sur le creux de la main et aussitôt il s'exprima ainsi : « Bah ! ce n'est pas ça » je puisai dans pharmacie de M. Issanjou le même remède et ma femme a été soulagée ; je réponds à l'interpellation : Que lors de la réunion de la Confrérie en me plaignant contre le remède de M. Boscredon je n'eus d'autre but, ce que je fis du reste, que de réclamer la somme de 3 francs que m'avait coûté le remède pris chez M. Issanjou : il est vrai que me plaignant à M. Boscredon en pleine Société, celui-ci me dit : que si ma femme avait fait usage de ce médicament, elle aurait été soulagée et même rajeunie; je réponds à la question : que je n'ai jamais parlé de notre affaire à personne et que c'est M. Boscredon lui-même qui y a donné de la publicité.

EXPOSÉ DES FAITS.

Depuis plus de 4 ans, monsieur Boscredon est le pharmacien de la Confrérie de St Eloi, moyennant une rétribution annuelle de trois francs par chaque membre, il s'est engagé à donner les médicaments nécessaires à toute la famille de chaque membre de la Confrérie. *Depuis 8 à 10 mois*, il fournissait des médicaments à la femme Guyral, lorsque au commencement du mois d'août, le mari de la malade se présenta dans sa pharmacie avec une ordonnance portant simplement : « *sirop de lactucarium* », sirop qui lui fut livré immédiatement, tel qu'il avait été ordonnancé par le Médecin, et que prit le sieur Guyral, sans faire la moindre observation. Le sieur Guyral se rendit de suite, *sans ordonnance*, (laquelle était restée entre les mains de M. Boscredon) chez l'autre pharmacien, et il lui demanda *sans ordonnance* un flacon de sirop d'Aubergier. En possession de ces 2 fioles, le sieur Guyral se hâta d'aller chez le Président de la Confrérie, qu'il rencontra dans la rue en compagnie de 2 personnes, et lui montrant les 2 remèdes, il lui dit : le remède rouge a été puisé chez M. Boscredon, il n'est pas bon ni conforme à l'ordonnance. *La Confrérie est mal servie*, et je demande qu'il soit fait de suite une assemblée extraordinaire. Enfin, il lui parla d'une telle manière, *que le Président fut forcé de le rappeler à la modération*, puis il lui proposa d'aller montrer les remèdes au médecin. *Guyral s'y refusa*. Quelques jours après, M. Portal avertit le sieur Guyral qu'il avait vu M. Pagès, qui lui avait dit que le remède de M. Boscredon était bon. Plus tard, Guyral rencontra Pécharmant dans la rue, devant la Poste, lieu où il y a grand mouvement, proche de la Halle, sur le passage du chemin de fer, un jour de jeudi, jour de marché, et là, sans se gêner, il lui dit : le remède fourni par M. Boscredon, n'est ni bon, ni conforme à l'ordonnance. Dans le bureau de l'octroi, le témoin Delboy entend Guyral qui racontait ce qui lui était arrivé chez M. Boscredon. Un jour, parlant des deux remèdes avec monsieur Mézamat, fermier de l'octroi, dont il est un des employés, et auquel il montrait les 2 fioles, M. Mézamat lui dit : Restez donc tranquille, laissez cette affaire de côté. Le sieur Guyral ne tint compte, ni des avis du Président la Confrérie, ni des conseils de M. Mézamat son chef, et le 1er dimanche de septembre il apporta les 2· remèdes à l'assemblée, disant : M. Boscredon, notre pharmacien, m'a fourni un remède qui n'est pas bon, ni conforme à l'ordonnance, j'ai été obligé d'aller en chercher un chez M. Issanjou, ajoutant : *C'est honteux de voir les remèdes que M. Boscredon nous donne!* il est vrai que le sieur Guyral réclama les trois francs, qu'il avait dépensés pour acheter le sirop d'Aubergier ; c'était jour de règlement de comptes, et le sieur Guyral eût été bien aise d'avoir trois francs de moins à donner, cela se comprend ; mais la Confrérie ne fit pas droit à sa demande, et profondément émue de l'accusation portée contre M. Boscredon, elle décida qu'une 2e assemblée aurait lieu le plustôt possible, (M. Pagès se trouvant absent) et que M. Boscredon y serait invité à venir justifier de la bonne préparation de son remède en présence du médecin. Cette 2e assemblée eût lieu en effet, et le sieur Guyral conserva toujours sa même attitude vis-à-vis de M. Boscredon comme le prouve le pan de nez qu'il lui fit, lorsque M. Boscredon, indigné des calomnies que l'on avait répandues sur sa pharmacie, lui disait : maintenant je vous tiens, et je ne vous lâcherai pas !

Tels sont, dans toute leur simplicité, les faits qui ont emmené M. Boscredon à intenter un procès en diffamation contre le sieur Guyral, et nous allons rechercher, si les trois circonstances qui constituent le délit de diffamation, c'est-à-dire *les propos injurieux et diffamatoires, la publicité et l'intention de nuire* existent dans la conduite du sieur Guyral à l'égard de M Boscredon.

PROPOS INJURIEUX ET DIFFAMATOIRES. — Le sieur Guyral s'adressant à M. Portal, Président de la Confrérie lui dit : le remède rouge fourni par M. Boscredon *n'est pas bon ni conforme à l'ordonnance, la Confrérie est mal servie.* Dans sa déposition, le Président dit même qu'il fit à Guyral des observations sur sa manière de se prononcer à l'égard de M. Boscredon le 1re Dimanche de septembre au sein de Confrérie, le sieur Guyral tient les mêmes propos, le remède rouge livré par M. Boscredon n'est pas bon, ni conforme à l'ordonnance, et il ajoute : *C'est honteux de voir les remèdes que nous fournit M. Boscredon !* (Témoin Duffau)

PUBLICITÉ. — Il est un fait très-important, qui pourrait paraître douteux pour les personnes, qui n'ont pas assisté aux débats. Les notes d'audience ne disent pas d'une manière précise, que *c'était dans la rue* que M. Portal, Président de la Société, en compagnie de 2 personnes, avait vu Guyral, qui lui parla etc. Pour rétablir cette omission qui existe dans les notes d'audience, l'on n'a qu'à se rapporter au 6e considérant du Jugement, où le tribunal dit : que si le sieur Guyral a exprimé ses plaintes en dehors de cette assemblée à *2 ou 3 personnes,* il l'a fait d'une manière, qui ne permet pas de croire que d'autres personnes *dans la rue* aient pu entendre ses paroles. Ces 2 ou 3 personnes dont parle ce considérant, ne peuvent être autres que M. Portal en compagnie de 2 personnes, car nous n'avons dans l'enquête écrite, que la déposition d'un seul témoin, Pécharman, où cette circonstance, *dans la rue,* soit constatée d'une manière précise. C'est là un fait, qui ne pouvait être douteux, que pour ceux qui n'étaient pas aux débats.

A quel moment Portal a-t-il vu Guyral ? c'est là encore un point très facile à préciser. En effet, sur l'interpellation de M. le Président, M. Pagès déclare, qu'il croit reconnaître le flacon, que le sieur Guyral *lui présenta le lendemain* du jour où il lui avait donné son ordonnance, comme provenant de la phamacie de M. Boscredon. Ainsi, *c'est le lendemain* que le sieur Guyral présenta le flacon à M. Pagès ; et lorsque Portal, proposa au sieur Guyral de montrer ce flacon à M. Pagès, Guyral ne lui dit pas, que c'était une démarche inutile, que M. Pagès l'avait déjà vu, que c'était M. Pagès lui-même qui lui avait dit, que le remède n'était pas conforme à l'ordonnance, ce qu'il n'eût très certainement pas manqué de dire au Président de la Confrérie, pour expliquer ou excuser son refus. C'est là, comme nous le verrons plus tard, une remarque excessivement utile *C'est donc dans la rue, c'est le jour même où il a pris les 2 remèdes dans les 2 pharmacies*, que le sieur Guyral a vu le Président de la Confrérie, qui dût lui faire des observations sur sa manière de se prononcer.

Le sieur Guyral persuadé que le remède qu'il vient de prendre chez M. Boscredon n'est pas bon, ni conforme à l'ordonnance, se rend de suite chez l'autre pharmacien pour se procurer, d'après lui, le véritable, et *immédiatement* il va chez le Président de la Confrérie, *voisin de M. Issanjou*. Guyral trouve le Président *devant sa porte dans la rue* en compagnie de deux personnes, et là, les 2 fioles à la main, *sortant de chez l'autre Pharmacien*, il lui parle de telle sorte, que le Président est obligé de lui dire, que sa manière de se prononcer à l'égard de M. Boscredon, n'est pas convenable, c'est-à-dire qu'il rappelle Guyral à la modération, car il est facile de comprendre, que Guyral se croyant trompé, portant dans ses mains les pièces de conviction, ne devait pas être bien calme, il parlait très-certainement sur un ton d'animation facile à expliquer, et par la persuasion où il était qu'il avait été trompé et par les démarches qu'il fesait. Le témoin Pécharmant dépose : Un jour de jeudi, jour de marché, *en face de la Poste*, lieu où il y a toujours grand mouvement, proche de la Halle, sur le passage du chemin de fer, Guyral m'accoste pour me dire, que M. Boscredon lui avait fourni un remède qui n'est pas bon , ni conforme à l'ordonnance etc. Guyral ne le lui dit pas en confidence, il ne lui en demande pas le secret.— Le témoin Delboy rapporte que, dans le Bureau de l'octroi, Guyral racontait ce qui lui était arrivé au sujet du *sirop de lactucarium*, que M. Pagès lui avait dit ne pas devoir se trouver chez M. Boscredon etc. Ainsi se trouve établie *la publicité légale par 2 fois dans la rue, à Portal et à Pécharmant, puis dans le Bureau de l'octroi*, et toujours s'exprimant au moins sur le ton de la conversation ordinaire, si ce n'est même pas avec animation, quand il s'adressait au Président qui dût le rappeler à la modération, car le mot *proféré*, dont se sert l'art 1er de la loi du 17 mai 1819, embrasse les propos tenus dans un lieu public, *sur le ton de la conversation ordinaire et n'excepte que ceux dits à voix basse ou à titre confidentiel*. Nous ajouterons *comme circonstance très-aggravante à la publicité légale*, ce qui se passa en Confrérie : venir dénoncer devant 56 personnes le pharmacien comme donnant de mauvais remèdes, si ce n'est pas là de la publicité dans le sens qu............ ..e, c'est cependant bien aider à ré pandre cette calomnie, à la publier, car pour une question aussi grave et dans une petite localité où tout le monde se connaît, ces 56 personnes ne manqueront pas assurément de le dire dans leur famille, chaque quartier le saura bientôt et la ville entière ne peut pas tarder à en être instruite.

INTENTION DE NUIRE. — Pour plusieurs raisons, nous devons être autorisés à croire, que le sieur Guyral avait quelques notions sur le sirop d'Aubergier. En effet, ce n'est pas le médecin, qui le premier en proposa l'emploi chez la femme Guyral, c'est le mari de la malade, qui le consulta pour savoir, si le *sirop de lactucarium* ferait du bien à sa femme. L'ami qui lui avait parlé des propriétés de ce sirop, l'avait, à ce qu'il paraît, suffisament renseigné, puisque, *sans ordonnance*, il alla demander chez monsieur Issanjou un flacon de sirop d'Aubergier ; si toutefois cet ami ne lui avait pas montré ce médicament, ce qui ne serait pas impossible, il devait lui avoir dit : c'est une spécialité, c'est un dépot, c'est un remède secret, et qui dit spécialité, dépot ou remède secret, désigne un médicament se présentant sous une forme toute particulière, toute spéciale, c'est un flacon enjolivé, bien paré, bien étiqueté, coiffé avec or ou argent, avec accompagnement de médailles, et il y a une grande différence avec cette modeste fiole, sans étiquette, sans enjolivure, ni médailles et fermée tout simplement avec un bon bouchon de liège, sans dorure ni argenture. Ainsi, le sieur Guyral qui s'attendait à prendre une spécialité, dût voir, à première vue, que Monsieur Boscredon ne lui donnait pas le remède qu'il voulait, *une spécialité*, car Monsieur Boscredon lui donna le *sirop de lactucarium*, ordonnancé par Monsieur Pagès, dans une modeste fiole sans étiquette ni enjolivures, et le sieur Guyral au lieu de lui en témoigner son étonnement, au lieu de lui faire part de ses doutes, s'empressa de le prendre, ne fit même pas la moindre observation à Monsieur Boscredon et courut bien vite chez l'autre pharmacien chercher la spécialité *qu'il demanda sans ordonnance*. Alors les pièces de conviction en main, il se hâta d'aller chez le Président de la Confrérie et lui montrant les 2 fioles il lui dit : voilà un remède que j'ai pris chez Monsieur Boscredon il n'est pas bon ni conforme à l'ordonnance, j'ai été obligé d'aller chercher le véritable chez Monsieur Issanjou. Le Président lui dit alors d'être plus modéré dans ses expressions et il le pria de lui confier les 2 remèdes pour les montrer à Monsieur Pagès ; le sieur Guyral refusa de faire faire cette vérification, sans dire alors que Monsieur Pagès avait déjà vu le remède fourni par M. Boscredon, ce qu'il dit plus tard et ce que M. Pagès nie énergiquement ; le sieur Guyral croyait donc être bien sûr de son fait, puisqu'il refusa cette vérification, ce qui prouverait qu'il connaissait déjà le sirop d'Aubergier, puisqu'il n'avait pas besoin que le médecin le lui dit pour le savoir. Quelle pouvait être son intention, lorsque au lieu de faire observer à Monsieur Boscredon qu'il pouvait se tromper, qu'il pouvait ne pas avoir bien lu l'ordonnance, il courut chez l'autre pharmacien et de là chez le Président de la Confrérie, pour porter contre le pharmacien de la Société cette grave accusation, de donner des remèdes qui ne sont pas bons ni conformes à l'ordonnance ? Quelle pouvait être son intention, lorsqu'il refusa au Président de la Confrérie de lui remettre les 2 fioles pour les faire vérifier par le médecin ? Lorsque, confiant cette affaire à Monsieur Mézamat il ne tenait nul compte du conseil que lui donnait son chef qui lui disait : restez tranquille, laissez donc cette affaire de côté ? le sieur Guyral voulait donc en faire une affaire à Monsieur Boscredon? Quelle pouvait être son intention? La conduite du sieur Guyral, ne révèle-t-elle pas une personne, dont les intentions ne paraissent pas être, en aucune manière, bienveillantes à l'égard de Monsieur Boscredon? Un client ordinaire qui s'est aperçu qu'un fournisseur lui a donné une chose pour une autre; court-il de suite le dénoncer? surtout quand il le sert déjà depuis longtemps et que toujours il a eu lieu d'être satisfait. Une fois, dans un an de fournitures journalières, il aura pu arriver qu'il se soit trompé, qu'il ait commis une erreur, car personne n'est infaillible et de suite le client se hâterait d'aller le dénoncer? Ce serait bien méchant, ce sera bien pire encore, si, averti du mal qu'il peut faire, de la mauvaise voie où il s'est engagé, il persiste quand même. Il ne peut plus alors y avoir le moindre doute, l'intention évidente de nuire ne peut être niée. Telle est l'action du sieur Guyral. *Pendant dix mois* il vient puiser sans réserve à la pharmacie de Monsieur Boscredon où il est toujours reçu avec empressement, avec affabilité et il viendrait saisir pour le dénoncer, pour le perdre, la première occasion d'une erreur, si elle pouvait exister. La suite va nous faire voir plus clairement encore ses intentions.

Nous avons entre mains, et nous la montrerons à qui le désirera, une déclaration signée par la grande majorité de la Confrérie de Saint Eloi, signatures légalisées par Monsieur Maire. Voici ce que dit cette déclaration, dont il a été donné connaissance à la cour d'appel en son audience du 21 décembre 1865.

« Les membres de la Confrérie de Saint Eloi soussignés, certifient et déclarent, qu'à l'époque où Monsieur Boscredon se présenta pour servir la Société, le sieur Guyral se montra très-hostile à son admission, qu'il fit tout son possible pour le faire échouer, et qu'il travailla de tout son pouvoir pour faire passer Monsieur Issanjou, l'autre pharmacien. »

Nous le demandons maintenant, les moins clair-voyants ne voient-ils pas déjà le but du sieur Guyral? L'occasion lui semble propice pour réaliser ce qu'il veut depuis longtemps, faire arriver Monsieur Issanjou à devenir le pharmacien de la Confrérie, voilà quel a été toujours son but, aujourdhui plus que jamais, servir Monsieur l'adjoint, lui être agréable, quel mérite auprès d'une autorité, il se promettait bien d'en tirer profit. Que dit Guyral en abordant le Président; Voilà un remède qui n'est pas bon, ni conforme à l'ordonnance, Monsieur Boscredon me l'a fourni ; voilà au contraire le véritable, c'est Monsieur Issanjou qui me l'a donné; *La Confrérie est mal servie.* Guyral répète à satiété: Monsieur Boscredon m'a fourni un remède qui n'est pas bon, ni conforme à l'ordonnance, Monsieur Issanjou au contraire m'a donné le véritable, il a guéri ma femme, et continuellement et toujours il montre les deux remèdes, continuellement il les met en opposition. Que se passe-t-il en assemblée? Guyral apporte toujours les 2 fioles, voila, dit-il, le remède que m'a fourni Monsieur Boscredon, il n'est pas bon, ni conforme à l'ordonnance, voilà celui que m'a donné Monsieur Issanjou, c'est le véritable, il a guéri ma femme, et il ne manque pas d'ajouter : *C'est honteux de voir les remèdes que nous donne Monsieur Boscredon !* L'intention n'est-elle pas évidente, n'est-elle pas manifeste ?

Nous voulions passer sous silence, la déposition du sieur Delfour, témoin à décharge. C'est là encore, un petit trait de méchanceté à l'adresse du pharmacien.

Quand Guyral porta contre M. Boscredon, cette grave accusation, de ne pas donner de bons remèdes, c'est le médecin c'est l'autre pharmacien, disait-il, qui me l'ont assuré, il est très-certain que pour une question d'une si haute importance, chacun dans l'assemblée dût se recueillir, faire sur lui-même un retour bien pénible et bien cruel car il s'agissait de rendre la santé, de soulager des souffrances, de guérir des malades, de ne pas avoir laissé mourir ! et très-certainement alors, pour si peu qu'il y eût eu à se plaindre de M. Boscredon, l'occasion était belle ; on peut être persuadé, que dès le moment que l'un commençait d'une manière aussi éclatante, tous ceux qui, dans la Confrérie auraient eu à reprocher la moindre des choses, ils n'y auraient certes pas manqué. Quand un arbre tombe, tout le monde saute aux branches; et bien, le sieur Guyral n'eût qu'une bien faible écho ; il ne s'en trouva qu'un seul, qui vint dire tout simplement : à moi aussi, M. Boscredon a donné un remède, qui s'est décomposé avant que j'ai achevé de le prendre. C'est là ce qui arrive tous les jours, même dans nos pharmacies, dans nos laboratoires. Quelquefois, la décomposition d'une susbtance dépend de si peu de chose, qu'il n'est pas extraordinaire de voir un médicament se décomposer du soir au lendemain, surtout dans des mains inhabiles ; la cause peut en être attribuée à tant de circonstances, la mauvaise tenue de la part d'une personne inexpérimentée, une trop grande élévation de température, quelquefois encore, la composition même du médicament le veut ainsi ; tels sont les amandés, les médicaments à base fermentescible, et ils sont nombreux en pharmacie, nous n'en finirions plus, s'il nous fallait énumérer tous les remèdes qui ne peuvent durer qu'un ou deux jours, on sait, qu'un looch se décompose vite dans la chambre d'un malade, il y en a une infinité d'autres, qui ne peuvent se conserver qu'avec certaines précautions, qu'il ne faut pas négliger, si l'on ne veut pas être exposé à les perdre. Tout le monde comprendra facilement qu'un remède puisse se décomposer, aussi nous nous contenterons de répondre à M. Delfour, (qui ne se serait même pas plaint sans la provocation de Guyral,) nous ne pouvons pas accepter un reproche que vous formulez d'une manière aussi vague, sachez seulement, que si vous fussiez venu nous trouver, très-certainement les explications ne vous auraient pas manqué, sur la cause de cette décomposition, et vous vous seriez retiré satisfait. Telle est notre conviction intime. Quel pouvait être le but de Guyral en fesant entendre ce témoin ? voulait-il constater qu'il n'était pas le seul à se plaindre ? s'il en est ainsi, il sera arrivé à faire voir, que sur 56 membres, il s'en est trouvé à peine deux qui ont dit avoir à se plaindre de M. Boscredon. Comment pouvait-il y en avoir moins ? nous savons qu'il est impossible de contenter tout le monde. 2 seulement sur 56 ? c'est avoir prouvé que M. Boscredon possède, dans la Confrérie, la confiance de l'immense majorité, voilà ce qu'il a bien clairement constaté, et nous l'en remercions.

Nous allons retourner contre Guyral ce petit trait de méchanceté, qui, comme nous venons de le démontrer, ne saurait nous atteindre.

Voilà deux plaignants : Guyral et Delfour. Examinons un peu l'attitude de l'un et de l'autre, nous pourrons en retirer quelques enseignements, qui ne seront pas tout à fait inutiles à notre cause. Comment se présente Delfour ? il dit tout simplement : j'ai eu un remède qui s'est décomposé avant d'achever de le prendre

Sa manière de se prononcer à l'égard de M. Boscredon n'a rien qui puisse offenser ; il semble solliciter une explication ; et que l'on sache bien, que toujours l'on nous trouvera disposé à les fournir. Vient-il dire, lui, Delfour ? Le pharmacien ne nous donne que de mauvais remèdes, la Confrérie est mal servie, c'est honteux de voir les remèdes que nous donne M. Boscredon ! la preuve, là voilà ! ce remède que m'a fourni M. Boscredon n'est pas bon, ni conforme à l'ordonnance, celui que m'a donné son concurrent est le véritable, est le bon, il m'a guéri ! Quelle différence de langage, quelle différence dans l'attitude de l'un et l'autre. Vous M. Guyral, venez-vous simplement vous plaindre ? par d'autres que nous vous le ferez dire. Voyez plutôt vous-même, examinez Delfour, et puisque vous nous l'avez offert, comparez, rapprochez un peu votre manière de procéder, votre langage de celui de votre confrère que vous nous présentez pour vous excuser ; eh bien ! c'est précisément lui qui vous condamne, lui a l'attitude d'un simple plaignant et chez vous ; que peut-on voir autre chose, qu'un accusateur ? vous arrivez les preuves en main, l'injure et la calomnie sur les lèvres, ce n'est pas une plainte que vous articulez, c'est une accusation que vous portez, accusation capitale pour nous ! vous venez dire : M. Boscredon nous donne de mauvais remèdes : la Confrérie est mal servie, c'est honteux de voir ce que M. Boscredon nous donne ! nous avions cru qu'un pareil langage devait être qualifié autrement qu'une simple plainte: *Errare humanum est.*

Dans ce procès, le Tribunal de 1re instance de Castelsarrasin, rendit le Jugement suivant, en son audience du 23 novembre 1865, Jugement qui fut confirmé par la cour d'appel de Toulouse en son audience du 21 décembre de la même année.

COPIE DU JUGEMENT.

1º Attendu que, les débats ont établi que dans les premiers jours du mois d'août dernier, le sieur Guyral consulta M. Pagès médecin, dans l'intérêt de la santé de sa femme, et que ce docteur lui conseilla de donner à la malade du sirop de lactucarium, qu'il mit son ordonnance par écrit en ces termes « sirop de lactucarium » ;

2º Attendu que, les débats ont également établi que le sieur Guyral porta immédiatement cette ordonnance chez M. Boscredon pharmacien, qui lui livra immédiatement le sirop précité, tel qu'il avait été ordonné par M. Pagès ;

3º Attendu que, le sieur Guyral, mû par un sentiment de méfiance qui lui avait été suggéré par la circonstance que M. Pagès lui avait dit en lui donnant son ordonnance, qu'il craignait que M. Boscredon ne lui donnât pas le remède qu'il demandait, revint chez le docteur avec le remède délivré par M. Boscredon et l'interpella pour savoir si le remède livré était ce qu'il fallait ;

4º Attendu que, n'ayant pas obtenu de M. Pagès une réponse propre à le satisfaire, il se retirait lorsqu'il rencontra M. Issanjou à qui il montra le remède qu'il venait de prendre chez M. Boscredon et qui lui dit : « Ce n'est pas le sirop d'Aubergier » je vous le donnerai pour trois francs. M. Issanjou lui donna le remède, et il le paya ladite somme de trois francs. La couleur de ce sirop n'étant pas la même que celle de celui qui lui avait été livré par M. Boscredon, il crut de plus fort que le remède fourni par celui-ci n'était pas conforme à l'ordonnance, et c'est ce qui fit que le 1er Dimanche de septembre, dans une réunion des membres de la Société de St Éloi, dont il fesait partie, il se plaignit que M. Boscredon ne lui avait pas servi un bon remède, ni conforme à l'ordonnance, tandisque dans la vérité, M. Pagès n'avait pas ordonnancé le sirop d'Aubergier, mais simplement le sirop de lactucarium et que M. Boscredon s'était parfaitement conformé à l'ordonnance en lui livrant le sirop qu'il lui donna ;

5o Attendu que, la plainte du sieur Guyral et les termes dont il se servit pour la formuler dans l'assemblée des membres de la Société de St Éloi, constitue un fait diffamatoire de nature à porter atteinte à la considération et à l'honneur du pharmacien, mais qu'il ne saurait toutefois faire l'objet d'une action correctionnelle, qu'autant qu'il se serait produit avec les deux autres circonstances qui sont nécessaires pour constituer le délit de diffamation à savoir : la publicité et l'intention de nuire ;

6o Attendu que, si l'on prend en considération tous les faits révélés par les débats qui ne sont pas tels qu'ils ont été libellés dans la citation et qui ne consistent que dans les paroles suivantes : le remède n'est pas bon, il n'est pas conforme à l'ordonnance, il est impossible de déclarer que le fait dont il s'agit, ait été produit avec publicité, car la réunion de la Société de St Éloi a eu lieu, sans doute, dans un café, mais il a été établi que pendant ladite réunion les étrangers n'étaient pas admis et si le sieur Guyral a exprimé ses plaintes en dehors de cette assemblée *à deux ou trois personnes*, il l'a fait d'une manière qui ne permet pas de croire que *d'autres personnes dans la rue* ont pu entendre ses paroles, de telle sorte que, dans l'un et dans l'autre cas, le caractère de publicité manque dans le fait de la prévention ;

7o Attendu que, l'intention de nuire ne saurait être imputée au sieur Guyral qui n'a été mû que par des circonstances extérieures qui ont trompé sa bonne foi;

8o Attendu d'ailleurs que sur ce point, il y a lieu de remarquer qu'il avait si peu l'intention de nuire à Monsieur Boscredon, qu'après avoir pris le remède chez Monsieur Issanjou, il n'en parla plus qu'au sein de l'assemblée du 1er Dimanche de septembre et qu'après les quelques explications qui eurent lieu le Dimanche suivant dans la même assemblée, il garda le même silence ;

9o Attendu que, tout au moins, on n'a produit aucun témoin pour démentir les dires sur ce point ;

Par ces motifs

A relaxé et relaxe le sieur Guyral des demandes, fins et conclusions prises contre lui par Monsieur Boscredon et condamne ce dernier aux dépens.

EXAMEN DU JUGEMENT. Au 3e considérant : attendu que le sieur Guyral mû par un sentiment de méfiance etc *revint chez le Docteur* et l'interpella pour savoir etc.

Les débats n'ont nullement révélé cette circonstance, qui est une pure invention de l'inculpé. En effet, le docteur Pagès *répète par trois fois* dans sa déposition *que ce n'est que le lendemain* du jour où il lui avait donné son ordonnance, qu'il revit Guyral, qui lui dit alors que le remède puisé à la pharmacie Issanjou, avait fait du bien à sa femme. Sur l'interpellation de Monsieur le Président du tribunal, Monsieur Pagès répond; Je crois reconnaître le flacon, que le sieur Guyral *me présenta le lendemain du jour, où je lui avais donné mon ordonnance.* Lorsque Guyral en possession des 2 remèdes, rencontra le Président et que ce dernier lui proposa d'aller les faire voir au médecin, il refusa, et il ne lui dit pas alors que déjà Monsieur Pagès l'avait vu, ce qu'il n'eut pas manqué de dire, si véritablement en sortant de chez Monsieur Boscredon, il fut allé chez le médecin lui montrer le remède fourni par Monsieur Boscredon. Le médecin proteste avec une telle énergie contre ce dire de l'inculpé, que lorsque Monsieur le Substitut, dans sa plaidoirie, veut rappeler ce fait, Monsieur Pagès, présent à l'audience, interrompt le ministère public en criant à haute voix ; *C'est faux !* Monsieur le Substitut s'arrête, s'assied et prie le greffier de donner lecture des dépositions des témoins, et ces dires ne se trouvent que dans la bouche de l'inculpé. Monsieur le Substitut retire cette assertion, et l'on est tout étonné de retrouver dans le jugement, un fait qui causa un incident aussi remarqué que remarquable. Le sieur Guyral avait-il, en effet, besoin de montrer le remède à Monsieur Pagès, pour savoir si c'était le sirop d'Aubergier ? tout nous prouve au contraire, qu'il connaissait suffisamment que Monsieur Boscredon ne le lui avait pas donné.

Le 4e considérant : attendu que n'ayant pas obtenu de M. Pagès une réponse propre etc. il se retirait lorsqu'il rencontra M. Issanjou etc.

Si véritablement Guyral n'est pas allé chez M. Pagès, ce dernier ne peut pas lui avoir fait une réponse qui ne le satisfit pas, ni même il ne pouvait pas s'en revenir pour rencontrer, en sortant de chez le médecin, M. Issanjou, qui lui aurait proposé son sirop d'Aubergier. La vérité est que, Guyral voyant parfaitement que M. Boscredon ne lui avait pas donné le sirop d'Aubergier qu'il voulait, alla de suite chez M. Issanjou se le procurer, et qu'il est même fort probable, qu'il ne montra pas à ce dernier le sirop pris chez M. Boscredon, rien dans les débats ne le révèle, l'inculpé même ne le dit pas dans son interrogatoire.

Le 6e considérant, qui reproche que la citation, n'est pas du tout conforme à ce qui a été révélé par les débats, n'est pas plus admissible que les précédents, car il y a lieu de remarquer au contraire, que l'on est frappé de l'identité qui existe entre les termes de la citation et ce que déposent les témoins ou ce que révèlent les débats. Que dit, en effet, la citation : attendu que, dans les premiers jours du mois d'août, etc. etc.... Mais attendu que cette accusation malveillante n'a d'autre but, que de *porter atteinte à l'honorabilité du réquérant, de nuire à sa considération et de lui enlever la confiance dont l'avait honoré la Confrérie de St. Eloi* etc. etc.... on est fort surpris de voir le jugement faire à la citation le reproche d'avoir été au dessus de la vérité tandis qu'au contraire, si l'on peut lui reprocher quelque chose, c'est plutôt d'être resté en dessous, car, dans sa rédaction, rien ne révèle, ni ne fait préssentir ce propos injurieux, diffamatoire et malveillant que dit Guyral en pleine assemblée : *c'est honteux de voir les remèdes que M. Boscredon nous fournit !*

Ce 6e considérant admet que le sieur Guyral a parlé de cette affaire *dans la rue* à 2 ou 3 personnes ; nous le fesons remarquer, parceque ces 2 ou 3 personnes, ne peuvent être que le Président de la Confrérie en compagnie de 2 personnes, lorsque Guyral, les 2 fioles à la main, l'interpella pour lui dire que M. Boscredon lui avait donné un mauvais remède, et il parlait alors d'une telle manière, que le Président dût le rappeler à la modération, il ne devait donc pas parler à voix basse, ni à titre confidentiel. Nous fesons également remarquer cette circonstance, que le jugement admet dans ce considérant, *qu'il en parla à 2 ou 3 personnes,* parceque c'est en complète contradiction avec le 8e considérant, où il est dit, que Guyral n'en a parlé à personne avant d'aller en assemblée, tandis que l'enquête révèle aussi qu'il en a parlé à Portal en compagnie de 2 personnes, à Pécharmant, à Mézamat, voilà déja cinq personnes auxquelles il en avait parlé, et puis dans le bureau de l'octroi où il le racontait à toute l'assistance.

Le 7e considérant qui invoque la bonne foi de Guyral, est complètement démenti par les débats, qui démontrent que Guyral ne peut pas prétexter ni du médecin ni du pharmacien pour excuser sa bonne foi, au contraire il a refusé la vérification lorsque le Président lui proposa d'aller montrer les 2 remèdes au médecin. Ainsi, non seulement Guyral a été de mauvaise foi, comme nous l'avons prouvé plus haut, mais même encore, il est parfaitement établi, qu'il a refusé de s'éclairer.

Le 9e considérant est également démenti par l'enquête. En effet, que déposent Portal, Pécharmant, Mézamat, Delboy ; leurs dépositions ne sont-elles pas parfaitement claires, très-précises. ? Que pouvait-on faire dire de plus à des témoins pour établir les preuves de ce qui est libellé dans la citation ? Nous avons fait tout ce qu'il a été possible, car, tout comme la lumière, l'évidence n'a pas besoin de démonstration.

Généralement on me fait le reproche d'avoir donné trop d'importance à cette affaire, l'on a dit qu'il y avait exagération de ma part. C'est là contre moi une prévention malveillante, habilement imaginée et adroitement propagée par mes adversaires ; voyons, en effet, si ce reproche est bien mérité. Celui qui a reçu une blessure, sent juste là où le dard l'a piqué. Croit-on que si véritablement je ne m'étais pas senti blessé dans mon honneur, je me serais adressé aux tribunaux pour me faire rendre justice ? Grande erreur ! Modeste pharmacien, la tranquillité convient beaucoup mieux à mon caractère, que ces préoccupations incessantes, d'être forcé à venir étaler en public des misères professionelles, qui m'ont obligé à quitter cette vie retirée, où je me trouvais si bien à mon aise, et où je me complaisais. Je ne suis pas le premier pharmacien de ma famille ; depuis près de trois cents ans, mes ancêtres et moi, nous exerçons honorablement à Castelsarrasin, la profession de pharmacien ; ainsi, c'est une réputation de trois siècles que l'on accusait injustement, et l'on peut bien penser que, coûte que coûte, je ne dois pas permettre qu'aucune souillure, vienne ternir l'honneur intact que m'ont légué mes prédécesseurs Ainsi, *pour moi*, il existe un fait de diffamation que rien ne pourra détruire, et mon honneur crie : vengeance ! Dans cette affaire, il a été facile de s'apercevoir qu'il s'était tramé contre moi une de ces sourdes attaques, bien digne d'un vrai Machiavel. Ah ! si pour me perdre, on voulait profiter de ce que l'on croyait de ma part une faute, il ne me convient pas, ni même il ne peut pas me convenir, de me poser en victime de l'ignorance, il est au contraire de mon devoir de me défendre, quand la jalousie, la haine et la malice viennent me susciter une accusation aussi injuste.

Cette affaire n'est pas grave, n'est pas importante, vient-on me répéter. Eh quoi ! Un phamacien est accusé de donner de mauvais remèdes, qui ne sont pas conformes aux ordonnances; *on en offre la preuve* et, dans une pareille accusation, il n'y a pas de la gravité, il n'y a pas de l'importance? Comment! un pharmacien infidèle! Mais dans un pays, n'est-ce pas une véritable peste, une véritable calamité publique? L'assiduité, l'empressement des Médecins à venir assister aux débats n'était-ce pas là une preuve évidente de l'importance qu'y attachaient ces personnes compétentes? A Castelsarrasin, je suis le pharmacien des Confréries (on ne m'en félicite pas, je le sais, mais tout le monde ne sait pas tout ; que l'on sache bien, que je suis forcé de subir les nécessités du moment, je le fais sans me plaindre, aucun sacrifice ne me coûte quand il le faut), je suis donc le pharmacien de toutes les Confréries, elles sont au nombre de six, elles comprennent presque la totalité de la population de notre ville ; ce n'est pas là le plus brillant côté de mon entreprise. Il est de notoriété publique, que je ne puis pas gagner sur ces Sociétés, de là s'est répandue contre moi la noire calomnie, que je ne devais pas donner de bons remèdes. Depuis quelque temps, je m'étais aperçu en effet de ces soupçons que l'on fesait plâner sur mon établissement, mais les calomniateurs se cachaient dans l'ombre. Fort de la bonne préparation de mes médicaments, je ne m'en étais nullement ému, j'étais parfaitement tranquille, et ne me préoccupant en aucune façon de ces sourdes menées, je continuais, sans autre souci, le modeste genre d'existence que je me suis tracé et que j'ai cru le plus convenable à ma position.

Un jour, le 1er Dimanche de septembre, au sein de la Confrérie de Saint Eloi, devant 56 personnes réunies en assemblée, un confrère se lève, présente 2 fioles et m'accuse de lui avoir fourni un mauvais remède, qui n'est pas conforme à l'ordonnance *et il en offre la preuve!* Voilà le bon, dit-il, voilà le mauvais, notre pharmacien nous trompe, c'est honteux de voir les remèdes que nous fournit Monsieur Boscredon! Il m'avait semblé alors que mon honneur, ma dignité de pharmacien et mes intérêts se trouvaient engagés, je le sentais, et je ne croyais pas me tromper......... Quoiqu'il en soit, la Confrérie fut justement émue d'une pareille accusation, et elle la jugea d'une telle importance, qu'elle décida, que le plutôt possible, il y aurait une réunion extraordinaire et spéciale, à laquelle serait invité le pharmacien, pour venir justifier devant le docteur de la bonne préparation de de son médicament. Cette vérification eût lieu en effet. Supposons un instant, qu'il eût été possible de pouvoir prouver, que mon remède n'était pas conforme à l'ordonnance. Qu'arrivait-il alors? incontestablement, sans nul doute, ce n'est là un secret pour personne, la Confrérie de Saint Eloi me retirait sa confiance, les autres Confréries en éveil, suivaient son exemple, et puis, dans le public, quelle réputation! quel vernis sur mon honorabilité! j'étais un pharmacien mort, un homme perdu! Je frémis à la seule pensée de tout le mal, du préjudice incalculable, que l'on cherchait à me causer par ces indignes machinations. Et l'on viendra me dire ensuite que ce n'est pas contre moi une accusation de la plus haute importance, de la plus haute gravité? Qu'il y a exagération de ma part?

De mon honneur, de ma dignité de pharmacien, de mes intérêts je suis le gardien vigilant ; de tout ce que j'ai fait, je n'en ai nul regret, et plût à Dieu que, chacun, dans cette affaire, pût se rendre le même témoignage.

LOUIS BOSCREDON.

Castelsarrasin 1er Janvier 1866.

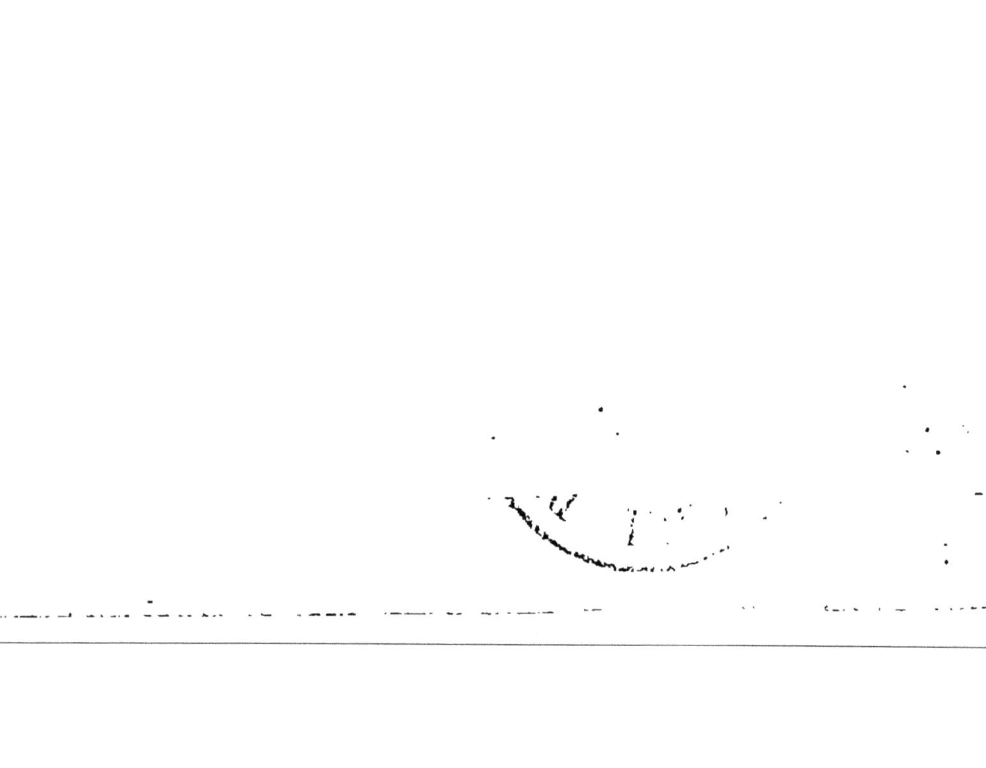